O MÍNIMO SOBRE HOMESCHOOLING
Thiago José Camargos e
Andrea Taisa de Moura Camargos

1ª edição — junho de 2022 — CEDET
Copyright © Déia & Tiba 2022

Sob responsabilidade
do editor, não foi adotado o
Novo Acordo Ortográfico de 1990.

Os direitos desta edição pertencem ao
CEDET — Centro de Desenvolvimento
Profissional e Tecnológico
Av. Comendador Aladino Selmi, 4630,
Condomínio GR Campinas 2 — módulo 8
Campinas-SP - CEP: 13069-096
Telefone: (19) 3249-0580 / 3327-2257
E-mail: livros@cedet.com.br

Editor:
Felipe Denardi

Transcrição:
Thamires Hivizi

Copydesk:
Lucas Ferreira Lima

Capa:
Zé Luiz Gozzo Sobrinho

Diagramação:
Virgínia Morais
Guilherme H. Conejo Lopes

Revisão de provas:
Vitório Armelin

Conselho editorial:
Adelice Godoy
César Kyn d'Ávila
Silvio Grimaldo de Camargo

FICHA CATALOGRÁFICA
Camargos, Thiago José; Camargos, Andrea Taisa de Moura.
O mínimo sobre homeschooling / Thiago José Camargos e
Andrea Taisa de Moura Camargos
Campinas, SP: O Mínimo, 2022.
ISBN 978-65-997705-1-7
1. Educação 2. Educação domiciliar
I. Homeschooling II. Déia e Tiba

CDD 370 / 371–04

ÍNDICES PARA CATÁLOGO SISTEMÁTICO:
1. Educação – 370
2. Educação domiciliar – 371–04

---

www.ominimoeditora.com.br
Reservados todos os direitos desta obra. Proibida toda e qualquer reprodução desta edição por qualquer meio ou forma, seja ela eletrônica, mecânica, fotocópia, gravação ou qualquer outro meio de reprodução, sem permissão expressa do editor.

SUMÁRIO

8
APRESENTAÇÃO

20
AFINAL, O QUE É HOMESCHOOLING?

40
HOMESCHOOLING NA PRÁTICA

76
ASPECTOS JUDICIAIS DO HOMESCHOOLING E ALGUMAS PALAVRAS SOBRE A "SOCIALIZAÇÃO"

100
CONCLUSÃO

APRESENTAÇÃO

Quando tivemos contato pela primeira vez com o *homeschooling* (ensino domiciliar) um novo horizonte abriu-se para nós, deixando-nos fascinados. Foi então que começamos a estudar o assunto e a ler uma infinidade de obras a respeito. Mas foi quando conhecemos de perto famílias que já praticavam o *homeschooling* com proveito que descobrimos, finalmente, uma alternativa educacional que se concretizava à nossa frente. De fato não era apenas teoria, belos exemplos que líamos nos livros. Não eram apenas pesquisas que apontavam o excelente resultado, a alta *performance* dos filhos *homeschoolers*, o sucesso teórico do ensino domiciliar, mas o *homeschool* se mostrou a nós, antes de tudo, no exemplo das famílias que haviam adotado essa prática. Aquelas crianças eram de fato como os livros diziam e muito mais. Foi arrebatador perceber que existia saída diante do caos que se tornou a educação compulsória brasileira.

Não se trata apenas de um ensino técnico-científico feito longe dos muros das escolas, mas de um conjunto de ações focado, acima de tudo, no desenvolvimento de uma vida ordenada para a prática das virtudes. Tínhamos descoberto o verdadeiro sentido da educação.

Das aulas de matemática às de história, nós nos esforçamos sempre para fazer com que os nossos filhos entendam realidades espirituais, e não percam de vista Deus e a fé. Sabemos que nossos filhos um dia farão suas próprias escolhas, mas se, já na infância e na adolescência, formos capazes de lhes dar fundamentos sólidos, com certeza suas escolhas no futuro serão mais acertadas. Como pais, temos a missão de ajudá-los a conduzir suas próprias vidas. Sabemos que nossos filhos são livres e podem, num futuro próximo, rejeitar aspectos da educação que lhes demos e que julgamos essenciais. Mas o que nos move não é o que pode vir um dia, eventualmente, a dar errado, mas aquilo que tem tudo para dar certo.

Quando resolvemos tirar nossos filhos — Matias, então com 4 anos, e Bento, com 6 — da escola, e testar, por um ano, o *homeschooling*, fomos questionados pela obra missionária católica da qual fazíamos parte há 17 anos, a Canção Nova. Na ocasião nos colocamos à disposição do conselho geral da instituição para explicar as razões de nossa decisão, as questões jurídicas relativas ao *homeschooling* e, também, a posição da Igreja quanto ao assunto; e assim fizemos. Para defender aquela nossa escolha, apresentamos documentos, o Código de Direito Canônico, encíclicas, pronunciamentos papais, a Carta dos Direitos da Família escrita por João Paulo II, todos esses documentos nos quais se diz que

cabe aos pais determinar e escolher o tipo de educação de seus filhos e os meios para que eles sejam educados.

> *Os pais têm o direito de escolher livremente as escolas* OU OUTROS MEIOS *necessários para educar seus filhos, em conformidade com suas convicções.* — São João Paulo II, Carta dos Direitos da Família

Com ajuda de especialistas em direito analisamos a Constituição brasileira e os tratados internacionais e percebemos que também esses dispositivos legais dão primazia e respaldo à família. Isso quer dizer o seguinte:

---

o *homeschooling* é lícito no Brasil, não é nem jamais foi crime ou ilegal.

Em 2018 o STF (Supremo Tribunal Federal) julgou a questão e decidiu que o *homeschooling* no Brasil é constitucional, apenas carece de regulamentação. Ou seja, caberia após a decisão ao poder legislativo aprovar leis que regulamentassem a prática. Até lá, ficaríamos num "limbo" jurídico, onde a prática do ensino domiciliar não configura crime, mas por outro lado não se tem leis que o regularizem.

Ainda que o STF afirmasse que quem deve decidir como as crianças são educadas é o Estado, sabemos que algo ainda paira, soberano, sobre uma deliberação como essa: o direito natural, que é favorável à família.

Quanto à Canção Nova, esta adotou um posicionamento contrário aos argumentos que lhe apresentamos: decidiu pela proibição da prática do *homeschooling* por parte de seus casais missionários. Então, era preciso fazermos nossa escolha: ou continuávamos com o *homeschooling* e pedíamos desligamento da instituição, ou púnhamos as crianças outra vez em alguma escola para continuarmos membros.

Como dissemos, já estávamos há 17 anos naquela obra vivendo em participação integral, ou seja, nosso sustento dependia da instituição, tínhamos três filhos pequenos, um financiamento imobiliário para honrar e nenhuma perspectiva de outra fonte de renda, mas vimos que ceder à pressão não seria o ideal, pois vínhamos obtendo resultados formidáveis com a experiência do ensino domiciliar. As crianças estavam mais felizes do que nunca, e era precisamente no bem delas que pensávamos. E assim, optamos por sair da Canção Nova. Entendemos de forma muitíssimo clara que uma família não pode delegar completamente a algum outro grupo ou instituição aquilo que lhe pertence por ordem divina e natural.

É claro que assumir a educação domiciliar dos filhos exige de nós pais preparação mínima e o tempo suficiente, mas não é um bicho de sete cabeças como imaginamos no início. Todo esforço é compensado pela satisfação de sabermos que mantemos nossos filhos no melhor caminho possível — o da porta estreita, que leva à vida. Sabemos que um dia precisaremos prestar contas a Deus da educação dos filhos que Ele nos confiou, e isso não é um fardo, ao contrário, isso nos motiva ainda mais a educá-los. Percebemos, além do mais, que em toda a história da Igreja havia a marca do ensino domiciliar. Grandes homens que a humanidade conheceu também foram formados graças ao ensino domiciliar. Boa parte deles, em casa, no seio da família. Para citar alguns de tempos mais modernos: Abraham Lincoln, Benjamin Franklin, Alexander Graham Bell, Thomas Edison, Charles Dickens, J. R. R. Tolkien, C. S. Lewis, Albert Einstein. E não apenas grandes homens em geral, também grandes santos. Santa Teresinha do Menino Jesus, por exemplo, foi acometida por uma terrível angústia quando começou a ir à escola; por isso resolveu conversar com sua mãe, Santa Zélia, para dizer que aquilo não lhe servia de jeito nenhum. A mãe concordou em tirá-la da instituição e passou a educá-la em casa. O resultado sabemos qual foi: com os instrumentos certos, a santidade e o título de Doutora da Igreja. Há incontáveis outros casos parecidos. E Nosso Senhor Jesus Cristo recebeu ensinamentos da Virgem Maria e de São José — não foi na escola de Gamaliel que Ele aprendeu teologia.

O que muita gente não entende é que a compulsoriedade de freqüência às escolas é que é, na verdade, algo muito recente, algo dos séculos XIX e XX para cá, e vem junto com todas as transformações políticas e civilizacionais do século XX. Quanto mais forte se torna o Estado, mais é minguada a liberdade dos indivíduos; basta repararmos em como é a educação nos países socialistas: ali, todas as crianças são obrigadas a freqüentar escolas estatais, muitas em período integral, e cada vez mais cedo. Em nosso país existem projetos absurdos, como tornar obrigatória a matrícula de crianças em creches a partir dos dois anos de idade.

O Estado não tem esse direito,

pois a prioridade de escolha na educação dos filhos é e sempre será dos pais.

CAPÍTULO

AFINAL, O QUE É HOMESCI

Obviamente o termo em inglês *homeschool* (escola em casa) não define muito bem a essência do que seja essa forma de educar os filhos. Não fazemos da nossa casa uma escola. O intuito não é levar para nossa casa aquilo que se faz na escola. É muito mais que isso. É uma forma de viver. Sabemos que há algumas controvérsias a respeito do termo mais adequado, mas não vamos entrar aqui nessa discussão. O importante é sabermos que

o *homeschooling* acontece o tempo todo,

não apenas naquele tempo demarcado para que nossos filhos aprendem uma determinada matéria.

O *homeschooling* acontece durante a viagem, dentro do carro, durante o café-da-manhã, nas orações em família, nos passeios, na observação dos fenômenos naturais e também na mesa da sala estudando alguma apostila, fazendo exercícios no caderno ou o resumo de um livro. Trata-se da prática de educar, formar integralmente; quem o faz são os pais, diariamente. E o que essas crianças estudam? As matérias adequadas às suas idades. Porém, no nosso caso e no de muitas outras famílias cristãs, entra em jogo um fator adicional: o estudo dos valores cristãos, isto é, da moral, da doutrina católica, da Palavra de Deus e dos exemplos dos santos. Isso porque — e é importante lembrar — existem diversas formas denominadas *ensino domiciliar*. Há quem apenas use os mesmos materiais passados aos alunos nas escolas, mas em casa; existem os que adotam o *unschooling*, sem repassar aos filhos nenhum ensinamento formal ou técnico; e existe também o *afterschooling*, um ensino domiciliar de meio período, no qual os pais buscam complementar (e às vezes desmentir) a educação que os filhos recebem na escola; e existe, enfim, o *homeschooling*, chamado por alguns de *integral* e *em sentido estrito*, que envolve o uso de um material diferente do das escolas, ou a criação de um material personalizado para os seus filhos. É deste último tipo que estamos tratando aqui neste livro.

No *homeschooling* podem ser utilizadas diversas metodologias e formas de ensinar, quem vai escolher a que mais se adéqua aos filhos são os próprios pais. Alguns métodos são baseados na chamada educação clássica, o *trivium* e o *quadrivium*. Outros baseados na educação estrita e exclusivamente católica, entre inúmeros outros, justamente porque

essa modalidade de ensino se caracteriza pela liberdade que proporciona,

facultando a cada família decidir de que forma será o percurso da aprendizagem de seus filhos, podendo, inclusive, fazer uma mescla de alguns métodos.

As possibilidades são inúmeras, e a cada ano surgem novas iniciativas de grupos que se organizam para dispor de tutoria e materiais para famílias *homeschoolers*.

Os pais vão conduzir todo o processo de educação, mas não quer dizer que não poderão contar com aulas particulares, tutorias, materiais organizados por terceiros etc. Se a criança apresenta facilidade para ciências exatas e é boa em matemática, os pais podem dar mais ênfase a essa matéria na hora dos estudos, ou, ao contrário, deixar esse conhecimento para mais tarde, se a dificuldade for grande e a criança apresentar muito gosto para as letras, e assim por diante.

Por sermos católicos, optamos por um *homeschooling* que tivesse ênfase no catolicismo, ou seja, que focasse o amor a Deus, a sabedoria e as virtudes. É claro que o ensino das chamadas "matérias convencionais" (português, matemática, geografia etc.) acontece normalmente; ocorre apenas que, para nós, o aprendizado não tem como objetivo final uma boa nota de avaliação.

O objetivo da educação foi esvaziado nesse período neo-pagão em que vivemos, e as pessoas, em geral, se preocupam muito mais com o diploma que o filho precisa ganhar do que com a eternidade que ele precisa conquistar.

Já estivemos na escola, e sabemos como aquele ambiente em muitos sentidos pode ser nocivo.

Em casa a criança é educada; na escola ela precisa ser instruída,

o que são duas coisas diferentes. No *homeschooling*, o fim é o aprendizado (no sentido mais amplo do termo); no sistema das escolas, importa apenas passar na prova. É assim que as crianças escolarizadas são instruídas a pensar; e não só elas, também seus pais.

Isso quer dizer que não há provas no *homeschooling*? Depende muito da família, que é quem escolhe fazer os testes ou não. Caso a opção preferencial seja a de seguir o currículo escolar, haverá provas. No nosso caso, optamos por submeter nossos filhos a avaliações uma vez por mês, mas não é uma regra. É uma forma de saber se eles conseguiram assimilar devidamente o conteúdo que passamos a eles. Mas não é a única forma. Pode-se fazer testes orais, pedir resumos etc. Os pais vão decidir.

Conhecemos bem os nossos filhos e os acompanhamos diariamente, de modo que percebemos se eles aprenderam ou não o conteúdo das matérias. A prova por si só é insuficiente, e pode falhar em seu objetivo de comprovar se houve aprendizado por parte do aluno.

As várias matérias que ensinamos a nossos filhos têm pontos em comum entre si, facilitando o aprendizado e a assimilação. Em história, por exemplo, podemos falar de algum santo que em determinada época tenha vivido e feito coisas extraordinárias, e a partir desse personagem falamos daquele tempo histórico e da região em que ele viveu. Se ele falava latim, melhor ainda. Daí podem surgir estudos de geografia, história, língua e religião. Há, portanto, uma mistura muito benéfica nas matérias.

Os inimigos do *homeschooling* não podem mais negar os benefícios dele às crianças. Ao menos não se usarem de honestidade. É evidente que o *homeschooling* é capaz de ajudar no desenvolvimento cognitivo e intelectual da criança. Isso porque somos melhores do que os professores? Não exatamente, mas porque passamos mais tempo com os nossos filhos e sabemos com mais propriedade das suas dificuldades, facilidades e potencialidades; temos mais consciência do que pode ser pedido, da forma como devemos cobrá-los e de quais ajustes precisam ser feitos para a obtenção de melhores resultados.

Muitas vezes o que conseguimos fazer em duas horas com os nossos filhos é o que os professores, por causa do número de alunos e de todos os conflitos com os quais é preciso lidar na instituição escolar, fazem em cinco horas, numa manhã inteira.

Sem contar que os dois pilares do aprendizado são o afeto e a personalização. O afeto, com a presença dos pais e os seus cuidados; e a personalização, idem, afinal todos sabem como nas escolas o ensino é despersonalizado e pensado de maneira a adequar-se à maioria. Ainda que os pais tenham dez filhos, a personalização dos estudos no ensino domiciliar é muito maior, incomparável com a das escolas.

Outra das características — ou qualidades — desenvolvidas pelos filhos no *homeschooling* é um certo autodidatismo: eles "aprendem a aprender", a extrair o conhecimento dos materiais e das situações que lhes são apresentadas, e sempre buscarão mais, pesquisando, lendo, estudando por conta própria; além disso, os filhos mais velhos tendem a ensinar os mais novos. Todos aprendem e, de certa forma, ensinam.

Algumas pessoas podem achar estranho nós mesmos ensinarmos física ou química aos nossos filhos, mas uma das principais particularidades do *homeschooling* é o fato de toda a família estudar. É comum as casas das famílias *homeschoolers* terem livros por todos os lados, e os pais serem vistos estudando. Nada impede, porém, que sejam contratadas aulas particulares por conta de alguma dificuldade dos pais em ensinar este ou aquele conteúdo. Longe de ser uma mera prática educacional,

o *homeschooling* é um estilo de vida que envolve toda a família.

Os pais precisam estar ao menos um passo à frente do filho e, quando as matérias se complicarem um pouco mais, os pais podem e devem buscar auxílio.

Nos Estados Unidos é comum famílias praticantes de *homeschooling* se associarem entre si, pois às vezes um pai sabe mais de biologia do que outro, uma mãe sabe mais de inglês ou música, e assim por diante. Quando se juntam desse modo, normalmente realizam em conjunto uma ou duas aulas semanais sobre matérias específicas.

O *homeschooling*, lá, é uma modalidade consolidada desde a década de 60, e 3% da população já o adotou. E os números americanos há um bom tempo comprovam:

---

os filhos educados em casa costumam tirar notas maiores nos vestibulares, têm maior capacidade de interação e de convivência,

---

além de mostrarem mais tolerância para com o que lhes é muito diferente.[1] Mais do que isso, a educação domiciliar também torna os nossos filhos mais receptivos aos chamados de uma possível

---

1 Brian D. Ray, National Home Education Research Institute (NHERI).

vocação religiosa. Nos Estados Unidos quase 8% das ordenações sacerdotais são de filhos educados por pais *homeschoolers*.[2] Em alguns seminários americanos, cerca de 30% dos seminaristas vêm de famílias praticantes de *homeschooling*, uma quantidade proporcionalmente bastante elevada. A razão é simples e já falamos dela: quando uma família cristã educa em casa os seus filhos, não passa a eles apenas conteúdos técnicos, mas busca também formá-los para as virtudes e a santidade.

SOCIALIZAÇÃO

Agora, a pergunta que não quer calar: "E a socialização? Os meus filhos serão privados do contato com outras crianças?". Fomos condicionados a pensar que a criança só pode socializar na escola, e, sobretudo, que a escola é um bom lugar de

---

[2] Center for Applied Research in the Apostolate (CARA), da Universidade Georgetown.

socialização. Quando as pessoas vêem, por exemplo, um menino que é muito agitado e não consegue dividir os seus brinquedos, dizem que é bom que ele vá para a escola. Mas há um erro nisso tudo — o primeiro lugar de socialização é a família.

Na *Familiaris consortio: O papel da família cristã no mundo moderno*, parágrafo 37, o Papa São João Paulo II afirma o seguinte:

> A família é a primeira e fundamental escola de sociabilidade: enquanto comunidade de amor, ela encontra no dom de si a lei que a guia e a faz crescer. O dom de si, que inspira o amor mútuo dos cônjuges, deve pôr-se como modelo e norma daquele que deve ser atuado nas relações entre irmãos e irmãs e entre as diversas gerações que convivem na família. E

> a comunhão e a participação cotidianamente vividas na casa, nos momentos de alegria e de dificuldade, representam a mais concreta e eficaz pedagogia para a inserção ativa, responsável e fecunda dos filhos no mais amplo horizonte da sociedade.

Vejam: não somos nós que estamos falando, mas a Igreja atestando que a socialização começa em casa. Que é importante as crianças conviverem umas com as outras é uma obviedade, e para que isso aconteça os pais podem deixá-las brincar com vizinhos, irem a aulas de música ou praticarem algum esporte, artes marciais etc. As possibilidades são inúmeras.

Educação domiciliar não é prisão domiciliar.

Alguns pensam que a criança fica presa o dia inteiro, sempre estudando, e isso está muito, muito longe da realidade... A bem da verdade, o que se parece um pouco com uma prisão é o prédio escolar, e a obrigatoriedade de se ficar ali cinco, seis horas, quando não mais, por doze anos de vida.

E outra coisa: teoricamente as crianças na escola não deveriam conversar em sala de aula, certo? Então, ficaria quinze ou vinte minutos por dia no recreio socializando-se. Certo? Percebem a contradição desse frenesi que alguns aprontam contra o *homeschooling* sob a alegação de que só há socialização na escola?

Já há muito, os que combatem o ensino domiciliar tiveram que usar da desculpa da não-socialização, pois perceberam que a falácia de que as crianças não aprendiam as matérias eficazmente caiu por terra quando chegaram as primeiras pesquisas sobre os resultados do *homeschooling*. Os dados mostram que ele é, sim, muito mais eficaz que o ensino escolar. Veremos isso mais adiante.

Aqui deve ser destacado um ponto importante. A socialização benéfica para o ser humano é aquela com o que lhe é diferente; uma criança que conviva com outras vinte da mesma idade em sala de aula faz apenas as mesmas coisas que todas fazem. Um menino de seis anos pode crescer como indivíduo, por exemplo, quando se depara com outro de dez anos que cuida dos irmãos mais novos e já tem responsabilidades; assim ele aprende, por exemplo, além de uma porção de outras coisas, que existe uma hierarquia à qual é preciso respeitar.

> *As pessoas estão acostumadas a pensar que "socializar" e conformar-se com o modo como a sociedade caminha são uma só e mesma coisa.*

Aos nossos filhos nós ensinamos com o exemplo, com as nossas atitudes. Eles aprendem a lidar com outros seres humanos vendo como nós agimos. É daí que vêm o respeito pelos mais velhos, a gentileza para com os outros, a generosidade, entre outras qualidades e comportamentos. Não queremos que os nossos filhos sejam "socializados" pelas regras iníquas vigentes da sociedade. Simples assim.

> Portanto a pergunta que nossos amigos e parentes deveriam fazer não é "mas e a socialização?" e sim "em qual mundo seu filho será socializado, no do humanismo secular, onde a satisfação pessoal, os valores individualistas e as escolhas egoístas vêm em primeiro lugar, ou no mundo cristão, onde servir aos outros e a Deus é o propósito da existência humana?".[3]

---

[3] *Homeschooling católico*: um guia para pais, Editora Concreta, 2016.

Quem diz isso é Mary Kay Clark, uma americana que educou sete filhos em casa. E esses sete filhos, todos homens, hoje também têm famílias e educam suas crianças com o *homeschooling*. A autora é, atualmente, diretora de um instituto que ajuda pais *homeschoolers* com tutoria e conteúdos.

Não seria correto afirmar que todos os pais devem tirar seus filhos da escola, imediatamente. Não, de modo algum. O *homeschooling* não é para todos, mas apenas para aqueles que querem, que contam com a estrutura e as condições mínimas de passar algum tempo com os filhos. Pode ser que esse não seja o seu caso, ou que não seja o seu caso *ainda*, ou que, para adotar esse estilo de vida, você e sua família precisem fazer alguns sacrifícios sérios, que devem ser ponderados levando em conta o contexto inteiro da vida de vocês. Bem, de qualquer modo, nós gostaríamos de dar algumas dicas práticas para quem estiver interessado em embarcar nessa recompensadora aventura.

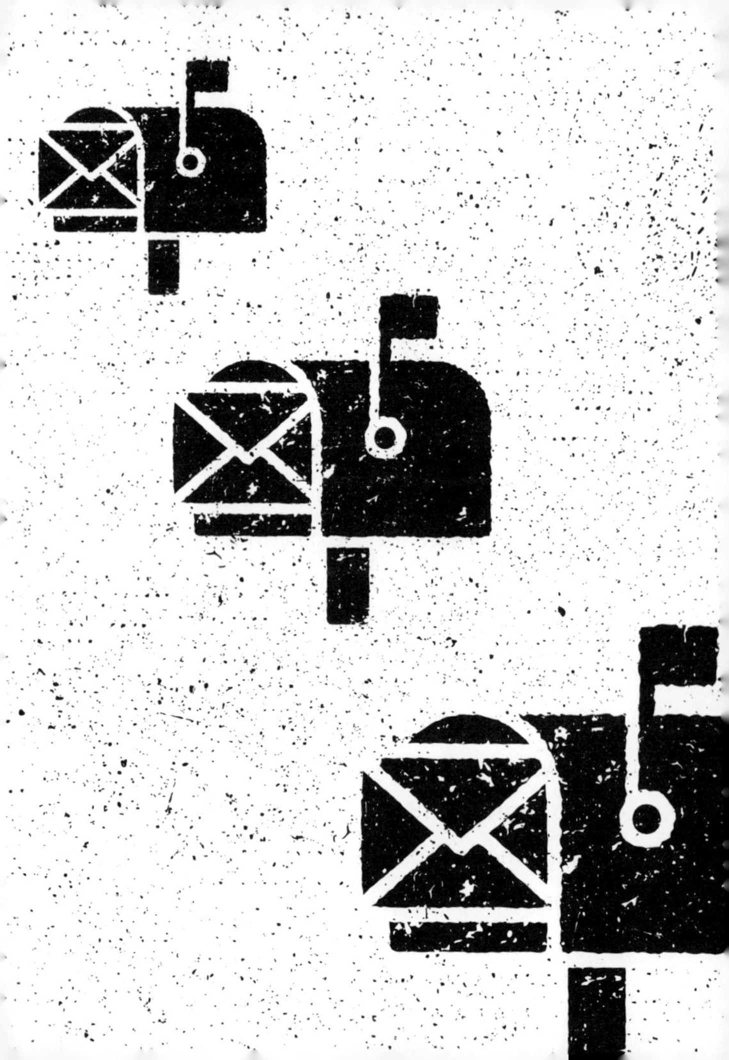

CAPÍTULO 2

HOMESCHOOLING NA PRÁ

Aplicando o *homeschooling* com nossos filhos, percebemos que uma das suas conseqüências foi a vontade de estudar que ele gerou neles, até nos mais novos que ainda não estão na fase de ter uma rotina de estudos. Percebemos isso não apenas na nossa família mas em muitas famílias que também praticam o ensino domiciliar. O ensino escolar é capaz de fazer isso? Dificilmente. A maioria dos jovens quer é se livrar da escola o mais rápido possível.

É preciso ressaltar que o

homeschooling não é exatamente um método;

não se trata de um conjunto de fórmulas que, quando aplicado, produz este ou aquele resultado. De jeito nenhum. O sentido da educação de que falamos aqui é infinitamente mais amplo e abarca uma vida inteira; o aprendizado de física e matemática é somente uma parte do processo educativo. O *homeschooling* é utilizado pelos pais católicos numa tentativa de resgatar a verdadeira educação, já há muito desfigurada.

Uma outra característica de muitas famílias *homeschoolers* é o fato de atrair, espontaneamente, de volta ao lar, algumas mães que antes não vislumbravam outra alternativa a não ser lançar-se no mercado de trabalho. Sabemos que em alguns casos a mulher trabalha fora por ser necessário ajudar nas finanças da família, mas devemos ser honestos e admitir que o papel ativo da mãe que participa de todo o processo formativo dos filhos, sobretudo em seus primeiros anos, é muito mais valioso.

É na primeira infância, antes da chamada "idade da razão", que são dadas as bases do caráter da criança. Esse alicerce do caráter é formado até os sete anos de idade, e permanecerá pelo resto de suas vidas. É óbvio que muitas coisas podem ser mudadas ou adaptadas, mas isso sempre implicará em dificuldades e exigirá mais força de vontade. A presença dos pais nesses anos iniciais é fundamental. Não se trata, portanto, de organizar horários ou usar métodos complicados para ensinar as crianças, nem de impedi-las de ficar para trás em relação às escolas. O *homeschooling* católico tem a missão de abranger a educação de forma integral, cuidando da formação do corpo, da sensibilidade, da alma, da inteligência e da vontade.

IDEAL

Infelizmente estamos hoje cercados por estranhas ideologias, e nas escolas se ensina de tudo; só é proibido falar de maneira positiva a respeito do cristianismo. O sentido da educação, para nós, dista quilômetros do que temos visto por aí e que chamam de educação; queremos educar as crianças para a santidade, para o Céu, para Deus. A educação que queremos dar para os nossos filhos está relacionada com a maneira como entendemos a natureza humana, isto é, que, além da vida mortal, temos uma alma imortal que perdurará para sempre, cujo destino eterno tem relação com nossas ações nesta vida. Na escola, como apenas a vida material é levada em consideração, a educação perde por completo este seu sentido. E educar é formar a criança para o que há de mais elevado e não há nada mais elevado do que uma vida santa.

Não é proselitismo o que fazemos aqui, pois o processo da inteligência é algo que acontece na alma humana. Inteligir é muito diferente de apenas receber informações. Um computador, por exemplo, é capaz de processar uma infinidade de dados e informações, porém não intelige nada. O ser humano é capaz de Deus, afirma a Igreja já no primeiro capítulo do seu Catecismo.

Quando criou o mundo, Deus o fez de maneira hierarquizada. Imaginemos um edifício de cinco pavimentos: no primeiro e mais baixo, temos os minerais; no segundo, os vegetais; no terceiro, os animais; os humanos no quarto e os anjos no último, o quinto. Os seres humanos foram feitos à imagem e semelhança de Deus e são inteligentes, isto é, capazes de compreender qualquer coisa por meio do seu intelecto. Mas, diferentemente dos anjos, nós não compreendemos tudo em uma só mirada ou relance; precisamos dividir os objetos em categorias e estudá-los aos poucos, indo do mais simples para o mais complexo. Essa capacidade é o que nos torna semelhantes a Deus e nos diferencia dos animais. Temos inteligência e vontade. E essa inteligência está no cérebro? Não pode estar, porque ela não é material; ela é um atributo da alma humana. A massa cinzenta e o processo de sinapse são apenas manifestações materiais, enquanto a consciência encontra-se em nossa alma espiritual.

As experiências de quase-morte, relatadas aos milhares ao redor do mundo, são uma boa prova disso. É incrível a quantidade de pessoas que se vêem fora de seus corpos quando estão em mesas de cirurgia, submetidas a processos cirúrgicos, ou quando sofrem paradas cardíacas. Conhecemos um sacerdote que teve essa experiência: ele viu o próprio corpo deitado na mesa de cirurgia e nos relatou como percebeu cada detalhe na sala de operação, mesmo estando sedado. Os relatos são abundantes. Ou seja, as pessoas mantêm a consciência mesmo se a atividade cerebral for interrompida e se tornar inidentificável por aparelhos. Em seu livro, *A ciência das experiências de quase-morte*, John C. Hagan, faz um compilado de inúmeros estudos e relatos dessas situações.

Essa é uma grande evidência de que a alma humana é espiritual e que a nossa consciência, quem somos, sempre nos acompanha. No Céu ou no Inferno, ela continuará lá; nela reside nossa identidade. A forma como vivemos — se virtuosa ou viciosamente — afetará todo o nosso processo cognitivo. A vida virtuosa tem conseqüência direta na nossa inteligência. Por que vemos tantos padres de uma inteligência bem acima da média? Ora, está explicado: porque vivem por e para Deus. É dito que Santo Agostinho, antes de se converter, meditava sobre questões filosóficas e não chegava a nenhuma conclusão, mas que, após ter se entregado a Cristo, viu acender-se uma luminária em sua inteligência, e compreendeu uma porção de coisas, antes confusas. Os religiosos entendem mais facilmente que a vida tem valor desde a concepção, porque suas almas estão em harmonia com Deus, e justamente por isso são capazes de perceber a verdade do Criador impressa em Suas criaturas. Já para os descrentes essa evidência é mais difícil. É isso o que o *homeschooling* busca recuperar, a educação em seu sentido pleno e mais profundo, a capacidade de meditar, refletir e contemplar.

Com o *homeschooling*, a nossa intenção é que o aprendizado aconteça *de fato*, e não apenas como respostas certas numa folha de papel, ou como uma coisa à parte da vida concreta. Por isso não ensinamos aos nossos filhos apenas conceitos, mas os ajudamos a rastrear a origem das coisas, a descobrir a utilidade e a finalidade de cada coisa e a entender a gravidade de situações e acontecimentos. Queremos formar pessoas que realmente utilizem suas inteligências e exerçam suas capacidades de reflexão da forma mais apropriada possível. As provas no colégio, vamos admitir, quase sempre podem ser resolvidas na base da "decoreba", e são ineficazes para atestar se o aluno aprendeu ou não os conteúdos que lhe foram passados pelo professor. O acompanhamento diário dos pais é muito mais eficiente para esse fim. Aplica provas apenas a família *homeschooler* que quer, mas

---

todo pai *prova*, *saboreia*, *sente* o quanto do conhecimento seu filho está realmente absorvendo em sua mente e em sua conduta.

Santo Tomás de Aquino falava do processo pelo qual todo cristão inteligente tem de passar: contemplar a verdade, encontrar erros e ordenar todas as coisas. Ordenar é pôr tudo em seu devido lugar, criando uma hierarquia de valores, com divisões entre o primordial e o secundário, o negociável e o inegociável. Isto é a raiz da educação cristã, da educação católica. Foi a Igreja Católica que construiu a civilização ocidental; graças a ela, por ter evangelizado os bárbaros, construído mosteiros e feito santos, a Europa é um lugar civilizado. Entretanto o mundo inteiro, hoje, passa por uma crise, como aconteceu na história do povo de Deus, que de tempos em tempos se esquecia do Senhor, começava a adorar ídolos e acabava invadido por outros povos que lhe tomavam a liberdade. A arquitetura das maravilhosas catedrais, seus belos vitrais, pinturas e esculturas deslumbrantes, músicas belíssimas — tudo isso pertence a uma época áurea erroneamente chamada "Idade das Trevas". Na Idade Média, era comum as pessoas atingirem níveis de virtude e santidade elevados — estarem populações inteiras nas quartas ou quintas "moradas" de que falava Santa Teresa d'Ávila —, e, se algo assim acontecia com freqüência, é porque essas pessoas tinham visões de mundo mais corretas e eram mais nobres e virtuosas. É essa espiritualidade e nobreza de caráter que o *homeschooling* católico intenta recuperar, e que está fora do horizonte da escola, inclusive na ampla maioria das escolas ditas católicas.

Quando dizemos que precisamos preservar a pureza das crianças, não queremos dizer somente que é nosso dever mantê-las afastadas de ideologias corruptoras. Esse é apenas um de muitos pontos. Também há as más companhias e o contato com a pornografia. O *homeschooling* é, digamos, uma forma de defender a inocência de nossos filhos e impedir que eles sejam corrompidos, dada a quantidade e a força das influências maléficas que existem hoje, e que agem, sem dúvida, na escola, seja por meio do próprio ensino formal, seja por meio de companhias sobre as quais não teremos nenhum controle.

CUSTOS

Há quem diga que o *homeschooling* pode ser feito apenas por pessoas ricas e que pessoas com pouca condição financeira estariam impedidas de o praticar. Mas será mesmo que se gasta mais com o ensino domiciliar do que com uma escola particular? Na ponta do lápis — contando mensalidades, materiais escolares, livros, apostilas, transporte, uniformes, alimentação etc. — nós acabamos vendo que as coisas são muito diferentes do que alguns imaginam. Em média, os pais nas escolas particulares gastam 280 mil reais com os estudos das crianças, começando do nível mais básico até chegar ao fim do ensino médio; nas escolas mais caras, esse valor, que já é altíssimo, pode ultrapassar os 600 mil reais. E para quê? Para o adolescente, no terceiro ano do ensino médio, sair da escola com uma proficiência em leitura de dar vergonha? Você sabia que apenas cerca de 1,6% dos jovens saem do Ensino Médio tendo níveis de leitura adequados?[1] Pois é, a situação é catastrófica, altamente preocupante.

Pare um momento para pensar: quão altos não são os gastos de uma família numerosa? Para quem tem quatro, cinco ou seis filhos o *homeschooling* é uma excelente forma de economizar.

---

[1] Sistema de Avaliação da Educação Básica – SAEB 2017: em https://www.gov.br/inep/pt-br/assuntos/noticias/saeb/saeb-2017-revela-que-apenas-16-dos-estudantes-brasileiros-do-ensino-medio-demonstraram-niveis-de-aprendizagem-considerados-adequados-em-lingua-portuguesa.

O *homeschooling* não é para famílias ricas ou pobres; ele é para famílias que querem educar os seus filhos da melhor maneira possível, o que demanda, com certeza, tempo e dedicação. Os pais podem driblar questões financeiras, por exemplo, produzindo os próprios materiais, comprando de segunda mão ou se adaptando ao que for mais acessível. Podem optar por estilos de vida mais simples, ingressar em grupos de outras famílias *homeschoolers* onde há compartilhamento de materiais de estudo, experiências e excelentes dicas.

TEMPO

Mesmo que você trabalhe fora e só tenha um período para ficar em casa de manhã ou à tarde, é ainda possível adotar o *homeschooling*. Nesse caso, é preciso passar um turno com as crianças e deixá-las, no outro, com alguém de confiança. Não é a forma ideal, mas é uma possibilidade. Quando começamos o *homeschooling*, éramos obrigados a revezar, pois ambos tínhamos obrigações profissionais a cumprir.

Existe também o *afterschooling*, modalidade em que a criança vai para a escola e depois os pais, em casa, complementam sua educação. A desvantagem reside no fato de que a criança já chega cansada e rende pouco. Algumas pessoas insistem nisso mesmo assim e conseguem bons resultados, mas no começo, via de regra, é tudo muito mais difícil.

Se o seu filho não agüenta estudar de manhã, no *homeschooling* é possível alterar o turno. Pode ser que ele renda mais à tarde ou, se for um pouco mais velho, à noite. Cada família tem autonomia e liberdade para fazer seus próprios ajustes a fim de encontrar a forma que melhor se adapte aos objetivos e necessidades de sua casa.

Muitos pais ficam em dúvida entre estabelecer horários rígidos e deixar as coisas mais flexíveis.

Isso deve ser decidido por cada família em particular, mas é importante que haja uma rotina de estudos para a criança, com uma seqüência de horários. A ordem lhe dará tranqüilidade. Ficamos inquietos no meio da desordem, sem conseguir prever o que virá depois. Com as crianças é igual.

É bom os nossos filhos saberem, por exemplo, que depois de terminar o café começaremos a rezar, ou que após os estudos haverá a hora da brincadeira. A rotina deve ser estabelecida de acordo com os ritmos da família e da criança; descubra o horário em que seus filhos rendem mais e fixe os estudos nesse período. Comece com pouco tempo e, conforme eles forem crescendo, aumente a carga horária.

Além dos estudos que desenvolvemos com as crianças, é importante que as incentivemos a praticar atividades fora de casa, como esportes ou brincadeiras que ajudem a gastar energia.

NO COMEÇO

Se você teme que no início seu filho estranhe a nova rotina e sinta saudades da escola e de seus colegas, faça o seguinte: nos primeiros quinze dias do mês, prepare atividades que a deixem animada, coisas divertidas, mas ao mesmo tempo instrutivas. Quando começamos, os meninos gostavam muito de astronomia, então preparamos atividades relacionadas a isso; ensinávamos ciências a eles em casa e quando saíamos mostrávamos o que era um ser vivo e o que não era; fizemos até um herbário, com folhas colhidas na rua. Foram vários passeios por lugares arborizados, onde podiam encontrar alguma coisa que se transformaria em objeto de estudo. Tudo isso deixou nossos filhos motivados a continuar.

De qualquer maneira, sabemos que a criança pode sentir saudade da escola, e isso é normal, pois ela mantinha contato freqüente com os colegas; mas não é preciso privá-la do convívio com essas outras crianças: se existe ali um ou alguns colegas com os quais ela se dá bem e você sabe que são confiáveis, poderá convidá-los para freqüentar sua casa e, num dia da semana ou mais, brincar com o seu filho, a fim de que a transição para o *homeschooling* seja mais branda e não provoque um choque. Você também pode levar seu filho à casa de um amigo.

Nos primeiros dias, seja caprichoso com as atividades e não tome muito tempo da criança; faça tudo progressivamente. À medida que os dias forem passando, você aumentará a formalidade desses estudos, no sentido de ter horas, locais e assuntos determinados para estudar. Mesmo que a criança não queira estudar português naquele momento, ela terá de fazê-lo, porque dessa forma lhe ensinamos que não se pode fazer apenas o que é gostoso ou agradável e que a vida em muitos momentos exige sacrifícios, os quais produzem belos frutos em nós.

Haverá conflitos, sobretudo durante o primeiro ano, que é o período mais difícil no *homeschool*. Em muitos dias as crianças poderão não querer estudar, afinal sua força de vontade ainda não foi plenamente desenvolvida como a dos adultos. Nós às vezes acordamos sem disposição para trabalhar ou cumprir com as nossas obrigações, mas mesmo assim o fazemos, porque aprendemos a dominar essas disposições internas. As crianças apenas expressam o que estão sentindo: se algo as incomoda, elas dizem. Alguns pais *homeschoolers* fraquejam nessas horas, achando que cometeram um tremendo erro ao tirar os filhos da escola: tenha calma nessa hora. (Nós passamos por essa crise). Uma mudança de estilo de vida não tem como se dar sem conflitos e problemas de adaptação, que só podem ser resolvidos com sensibilidade, paciência e persistência. Mantenha a calma, lembre-se de suas intenções e do seu ideal, procure compreender o que pode ser feito aos poucos para que as coisas se adaptem melhor, e tenha coragem de insistir dia após dia. Em pouco tempo o novo dia-a-dia vai ganhar forma e constância. É completamente normal sentirmos medo. Medo de fracassarmos, de não conseguir cumprir o que nos comprometemos a fazer diante dos amigos e familiares e sobretudo medo de nossos filhos ficarem para trás no aprendizado em relação a seus colegas na escola. São todas preocupações que geralmente desaparecem depois do primeiro ano de *homeschooling*.

PRESSÕES EXTERNAS

O que acontece é o seguinte: todos ficam chocados quando vêem alguém se negar a deixar os filhos na escola e preferir educá-los em casa, então as reclamações e reprimendas dessas pessoas, e a natural aversão das crianças nesse início, colocam certa pressão sobre nós, que acabamos por aumentar muito rapidamente o ritmo dos estudos, para estarmos, no mínimo, em pé de igualdade com as escolas. Isso é um erro, não é preciso se apavorar, manter a calma é fundamental. Passado um ano, o período de adaptação, a coisa se tranquiliza, pois a rotina se estabelece. Quando percebemos que os nossos filhos em casa estavam aprendendo muito mais do que na escola, ganhamos confiança para continuar. Não se preocupe, leitor, com críticas de familiares, ainda que bem intencionadas, que não compreendem de fato o que você está fazendo, de amigos, colegas e talvez até dos ex-professores, e nem mesmo com as possíveis reações afetivas adversas da criança no início.

PAUSAS E FÉRIAS

Algumas mães podem se perguntar como ficarão as coisas caso elas ganhem bebês. Respondemos: nas escolas são dados muitos dias de folga, com inúmeros feriados, reuniões de professores e viagens, portanto não há problema se a mãe, quando chegar ao seu lar um novo integrante, der entre quinze e vinte dias de férias para os filhos. Aqui em casa nós fizemos assim: quando nasce um bebê ficamos sem trabalhar as matérias curriculares com os meninos, apenas aproveitando o tempo em família. Não é algo contraditório: isso também *ajuda* na educação.

No *homeschooling* a formação não se dá apenas nos cadernos, mas na vida, em todas as situações vividas pela família.

O fato de as crianças estarem, geralmente, adiantadas em comparação às crianças da escola, nos deixa mais confortáveis.

Como o leitor já deve ter percebido, podemos adaptar os períodos de férias das crianças da maneira que quisermos. Por aqui nós fazemos pequenas pausas de tempos em tempos. Quando fomos visitar os parentes em Minas Gerais, passamos sete dias lá; depois, quando a Analuz nasceu, passamos vinte dias sem estudar com os meninos; com o nascimento da Mariana foi a mesma coisa. No fim do ano, nós lhes damos férias prolongadas de um mês. Sempre que precisarmos de descanso, podemos fazer pausas.

CRIANÇAS PEQUENAS

Até os três anos de idade é importante que a criança brinque e tenha vivências leves, despretensiosas; não é indicado que os pais dêem coisas muito formais a ela. Nesse período não se deve tentar disciplinar rigidamente a criança, que por ora precisa da ociosidade, para desenvolver a imaginação. É só depois dos quatro anos que a alfabetização sistemática deve ser iniciada.

Se o casal quer começar a fazer *homeschooling* e tem filhos de dois ou três anos, é bom começar com leituras em voz alta e cantigas de roda. Isso é muito importante. Tais práticas se perderam, mas ajudam as crianças a se desenvolverem, com a música, as rimas e o ritmo, que é fundamental para a boa leitura. Também é recomendável que os pais submetam essas crianças a atividades que visem a melhorar a coordenação motora; mas, antes de tudo é bom que a criança aprenda as quatro habilidades básicas: correr, pular, girar e saltar.

É a partir dos quatro anos de idade que deve começar a pré-alfabetização das crianças, privilegiando o método fônico,[2] ou seja, pelos sons das letras e dos fonemas. É por meio da associação do som com a grafia da letra que a criança aprenderá. Comece com as letras cujos sons são mais prolongados, como o "z" ou o "f", que são diferentes das letras explosivas, de sons que não conseguimos prolongar, como o "p". E nunca se esqueça: primeiro o som, depois a letra.

O método, hoje, mais comumente utilizado para alfabetizar crianças já se mostrou débil. Nas escolinhas, assim que entramos, vemos algum abecedário pendurado ou colado na parede, ou palavras como "gato" acompanhadas por um desenho do animal. Nada mais confuso que isso. O seu filho, vendo a forma escrita "gato", irá decorá-la e a associará à imagem do animal (esse é o chamado método "global"); se vir a palavra "gata", lerá

---

[2] Indicamos aos pais que confiram o programa de alfabetização "Tempo de Aprender", gratuitamente disponibilizado na página do MEC.

como "gato". Não é assim! Comece pelos sons, pois a criança tem de decodificar as letras. Dessa forma o seu filho aprenderá a ler muito mais rápido; ele juntará os sons, formará consoantes e, assim, conseguirá entender as palavras escritas. De longe, o método fônico é o melhor para a alfabetização em comparação com o método global.

A IGREJA

E qual é a posição da Igreja Católica quanto ao *homeschooling*? Muita gente se questiona a respeito disso porque ouviu bobagens por aí, que a Igreja desaprova esse estilo de vida e defende a escolarização compulsória, ou outras coisas nesse sentido. Vamos consultar algumas fontes, para ver o que a Igreja realmente afirma.

O núncio da Santa Sé declarou para a ONU em 2012:

> O Estado tem de respeitar as escolhas que os pais fazem para os seus filhos e evitar tentativas de doutrinação ideológica. Os pais têm o direito e o dever de escolher a educação domiciliar, e eles têm o direito de possuir a liberdade de ter essa educação, que por sua vez tem de ser respeitada e facilitada pelo Estado.[3]

Na carta encíclica sobre o direito da família, do Papa São João Paulo II, é dito o seguinte: "Os pais têm o direito de escolher livremente as escolas ou outros meios necessários para educar seus filhos, em conformidade com suas convicções". O Catecismo também garante autonomia e primazia dos

---

3 Reverendíssimo Francis A. Chullikatt, www.archiviora-diovaticana.va/storico/2016/04/30/new_nuncio_to_kazakhstan_and_tajikistan/en-1226616. Lê-se ainda em https://www.catholic.org/news/hf/faith/story.php?id=46189, em https://catholicphilly.com/2013/10/news/world-news/vatican-ambassador-tells-u-n-without-life-all-other-rights-are-meaningless/, e também em https://www.afesc.org.br/vaticano-pediu-a-onu--protecao-ao-direito-das-familias-educadoras.

pais na educação de seus filhos, não do Estado. Na Exortação Apostólica *Amoris Laetitia*, o Papa Francisco diz:

> Os padres quiseram sublinhar também que "um dos desafios que as famílias enfrentam hoje é seguramente o desafio educativo, que se tornou ainda mais difícil e complexo por causa da realidade cultural atual e da grande influência dos meios de comunicação". A Igreja desempenha um papel precioso de apoio às famílias, a começar pela iniciação cristã, através de comunidades acolhedoras. Mas parece-me muito importante lembrar que a educação integral dos filhos é, simultaneamente, "dever gravíssimo" e "direito primário" dos pais. Não é apenas um encargo ou um peso, mas também um direito essencial e insubstituível que estão chamados a defender e que ninguém deveria

pretender tirar-lhes. O Estado oferece um serviço educativo de maneira subsidiária, acompanhando a função não-delegável dos pais, que têm direito de poder escolher livremente o tipo de educação — acessível e de qualidade — que querem dar aos seus filhos, de acordo com as suas convicções. A escola não substitui os pais, serve-lhes de complemento. Este é um princípio básico: "qualquer outro participante no processo educativo não pode operar senão em nome dos pais, com o seu consenso e, em certa medida, até mesmo por seu encargo". Infelizmente, "abriu-se uma fenda entre família e sociedade, entre família e escola; hoje, o pacto educativo quebrou-se; e, assim, a aliança educativa da sociedade com a família entrou em crise".[4]

---

[4] Exortação Apostólica Pós-Sinodal *Amoris Laetitia*, do Santo Padre o Papa Francisco. Disponível em: https://www.vatican.va/content/francesco/pt/apost_exhortations/documents/papa-francesco_esortazione-ap_20160319_amoris-laetitia.html.

Também o Código de Direito Canônico pontifica sobre o assunto:

> Cân. 793 — § 1. Os pais, e os que fazem as suas vezes, têm a obrigação e gozam do direito de educar os filhos; os pais católicos, além disso, têm o dever e o direito de escolher os meios e as instituições com que, segundo as circunstâncias dos lugares, possam providenciar melhor à educação católica dos filhos.
>
> Cân. 1136 — Os pais têm o dever gravíssimo e o direito primário de, na medida das suas forças, darem aos filhos educação tanto física, social e cultural, como moral e religiosa.
>
> Cân 2221. A fecundidade do amor conjugal não se reduz apenas à procriação dos filhos. Deve também estender-se à sua educação moral e à sua formação espiritual. O *"papel dos pais na educação* é de tal importância que é

impossível substituí-los" (15). O direito e o dever da educação são primordiais e inalienáveis para os pais (16).

Poderíamos continuar citando documentos, mas nestes os termos são claríssimos; aqueles que usam de documentos da Igreja para falar que a educação domiciliar é contra o que o catolicismo entende por educação não pode estar fazendo outra coisa senão pegando trechos esparsos, tirando-os do contexto e interpretando à sua própria maneira.

Essa primazia inquestionável dos pais garante, para as famílias cristãs, que a oração, a prática das virtudes e os ensinamentos das Escrituras e das vidas dos santos constituam parte fundamental da educação dos nossos filhos. Na Bíblia há inesgotáveis ensinamentos; não há imoralidade em colocar nossos filhos para decorar sonetos camonianos e cantos dos *Lusíadas*, contanto que lhes ensinemos antes os Salmos, falemos das parábolas de Jesus, façamos com que conheçam o que se encontra nas Sagradas Escrituras. Só depois disso siga para os ditos clássicos. Cuidemos das almas de nossos filhos, para que possam florescer as suas inteligências e a vida na graça de Deus.

NOSSA ROTINA

Às vezes, saber da rotina de outra família ajuda a iluminar alguns problemas ou inseguranças que enfrentamos. Eis a nossa rotina: as crianças acordam por volta das 7h30, arrumam seus quartos, fazem a higiene pessoal e tomam café-da-manhã; depois disso fazemos as nossas orações de consagração dos estudos, e do nosso dia a Deus e a Nossa Senhora. Em seguida, vem a leitura de trechos bíblicos ou da vida de algum santo. Após isso, damos início às aulas de português e matemática. De português nós lhes damos aulas todos os dias, com interpretação de textos, lições de gramática e produções textuais, alternadamente; os conteúdos de matemática nós vemos três vezes por semana, nas segundas, quartas e sextas, usando o material do Instituto Cidade de Deus. Ciências, geografia e história nós ensinamos uma vez por semana. Há também as aulas de latim, inglês e música. Ademais, duas vezes por semana levamos os meninos para praticar esporte, durante uma hora e meia. Às sextas-feiras, para todos relaxarem, costumamos optar por atividades mais leves; aos sábados damos catequese, e aos domingos, dia do Senhor, vamos todos à missa e passeamos ou ficamos em casa, descansando.

Vale mencionar, também, que tirar das crianças os eletrônicos e telas, inclusive a televisão, nos ajudou muito, pois isso as acalmou. Nossos filhos não vêem desenhos animados porque tudo nessas produções acontece em velocidade vertiginosa, fora da realidade, o que prejudica a atenção e a concentração. Se você quer cultivar o hábito da leitura em sua casa, restrinja ou proíba o uso de equipamentos eletrônicos, *videogames* e telas de qualquer tipo.

Por fim, queremos dar atenção especial a dois aspectos, aos dois medos mais freqüentes nas famílias que adotam ou que gostariam de adotar o *homeschooling* em suas vidas familiares: o receio de complicações jurídicas, e o já batido argumento da "socialização". Sobre os aspectos jurídicos, fomos assessorados pelo advogado Dr. Tales de Alcântara Melo.

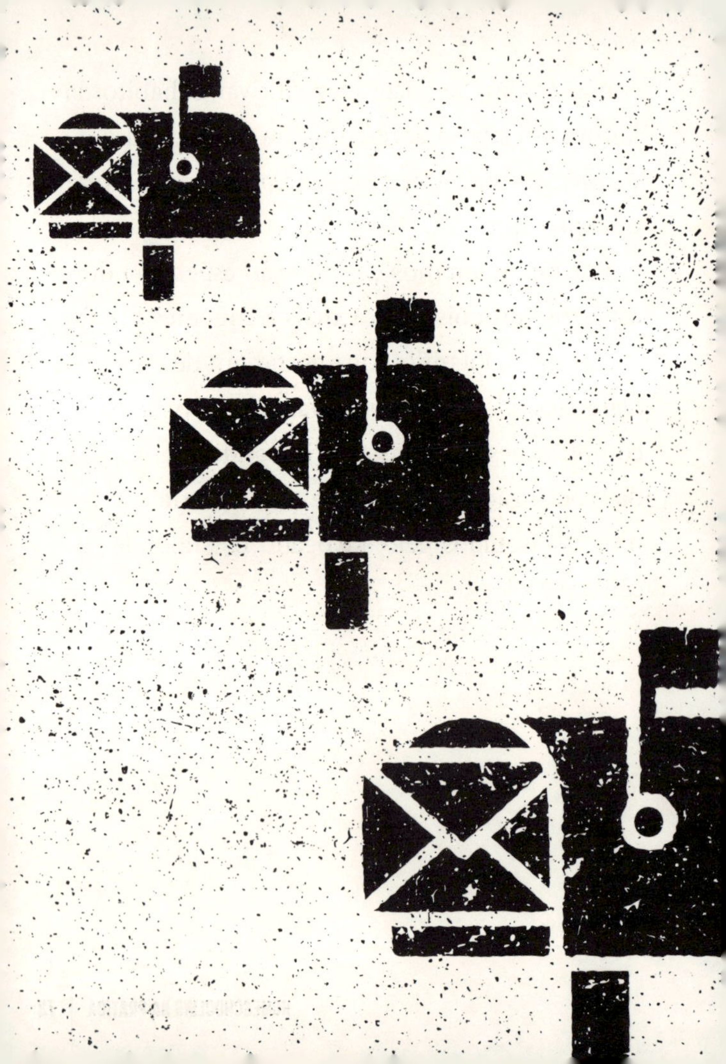

CAPÍTULO 3

ASPECTOS JUDICIAIS DO HOME
PALAVRAS SOBRE A "SOCIALI

Alguém que começa a fazer o *homeschooling* deve registrar tudo quanto fizer com a criança, desde as atividades escritas até as brincadeiras; se algo tiver sido feito em papel, escreva na folha o nome do seu filho, a data e a coloque em uma pasta; no caso de algo realizado fora de casa, ao ar livre, fotografe e filme. Tudo isso, arquivado, serve como prova para combater uma eventual denúncia ou algum problema com o Conselho Tutelar. Estará provado que o seu filho não sofreu abandono intelectual e que recebe a devida educação em casa. Muitos pais optam por tornar público o fato de fazerem *homeschooling* com seus filhos, publicam tudo nas redes sociais; alguns deles sequer dizem o nome do que fazem,

SCHOOLING E ALGUMAS ZAÇÃO"

apenas publicam seus exercícios e atividades. Isso nos leva a um ponto crucial: qual é a situação do ensino domiciliar no Brasil? Sabemos que boa parte dos pais — sobretudo os homens, os maridos — temem que tirar os filhos da escola possa acarretar algum processo ou problema judicial. Primeiro entendamos os acontecimentos e como as coisas têm funcionado até agora.

O *homeschooling* já é uma prática recorrente no Brasil e há algum tempo encontra-se em franco crescimento. Antes da pandemia, se estimava haver mais de 15 mil famílias educando seus filhos em casa.[1] Tanto que foi necessário

---

1 Talvez essa cifra tenha quase triplicado: https://www.gazetadopovo.com.br/vida-e-cidadania/homeschooling-como-andam-as-tentativas-de-regulamentacao-pelo-brasil/.

julgar a questão no Supremo Tribunal Federal, porque existe uma lei menor — que está abaixo da Constituição — segundo a qual compete ao ECA (Estatuto da Criança e do Adolescente) e ao LDB (Lei de Diretrizes e Bases da Educação Nacional) regulamentar a educação das crianças e adolescentes no Brasil e tornar obrigatória a matrícula em alguma instituição de ensino. Por conta disso, os conselhos tutelares municipais começaram a visitar famílias *homeschoolers*, tendo chegado à conclusão de que era preciso levar o suposto problema para o Ministério Público.

O Conselho Tutelar trabalha com denúncias recebidas, logo, para que o Conselho Tutelar visite uma família, com certeza houve alguma denúncia, seja por parte da escola que as crianças freqüentavam, vizinhos ou mesmo um familiar que não concorda com a prática do *homeschool*. Quando se tira uma criança de alguma escola, o diretor pede que lhe seja mostrada uma declaração de que ela foi matriculada em outra instituição; se os pais informam que sua intenção é migrar para o ensino domiciliar e dar para os filhos uma educação personalizada, a escola, num geral, solicita que se assine um termo de responsabilidade, o qual posteriormente é levado ao Conselho Tutelar. Este pode ir até a casa dos pais *homeschoolers* e comunicar que recebeu a notificação da escola, requerendo o comparecimento deles na sede do órgão. Lá, então, é preciso mostrar que não houve abandono intelectual.

O Conselho Tutelar, por sua vez, poderá encaminhar as informações ao Ministério Público, e será preciso se justificar também perante esse organismo. Os pais podem apresentar os registros que fizeram e mostrar que pertencem a alguma associação de famílias *homeschoolers* (nós fazemos parte da AFESC, Associação de Famílias Educadoras de Santa Catarina). O promotor designado tem a opção de transformar isso em um processo ou não; se o fizer, quem analisará será um juiz. Uma pena comum é a de obrigar os pais a rematricular os filhos em alguma escola; até hoje não houve nada mais grave do que isso, e

o STF já declarou que o *homeschooling* não é inconstitucional

e apenas carece de regulamentação do poder legislativo.

O CONSELHO TUTELAR

Conselho Tutelar é um órgão municipal cuja responsabilidade é zelar pelos direitos da criança e do adolescente. Quando há possibilidade de uma criança sofrer danos físicos, morais, psíquicos ou educacionais, alguém o aciona para apurar a situação e ver o que de fato está acontecendo. Sem sair do seu âmbito de competências, o órgão tentará cumprir com o que está escrito no ECA. No tocante ao *homeschooling*, na pior das hipóteses, o Conselho Tutelar pode simplesmente alegar que houve a *retirada da escola*, mas jamais *abandono intelectual*, que são coisas muito diferentes. A alegação do Conselho Tutelar geralmente é de que, se você tirar o seu filho da escola, acabará por privá-lo de educação; sabemos que não é isso que acontece no *homeschooling*, mas os pais terão de mostrar que o crime de abandono intelectual não ocorre e que as crianças são educadas da maneira devida.

Os pais costumam ficar nervosos com a visita dos conselheiros tutelares, o que é normal, mas basta dizer que decidiu educá-los em casa e que

a educação dos filhos é primazia dos pais, sendo isso garantido pelo Código Civil.

Inclusive dá para solicitar que o Conselho Tutelar submeta a criança ou adolescente a uma avaliação. E, de novo, para provar que o *homeschooling* é feito, é importantíssimo guardar todo o material usado com os filhos, pois será isso o que o advogado submeterá ao juiz. Por vezes, este opta por submeter as crianças *homeschoolers* a avaliações psicológicas e didáticas. É bom se precaver.

Se afirmarem que "no ECA está previsto que é obrigatório matricular a criança na escola", responda simplesmente que entre as normas existe hierarquia: o ECA é um conjunto de normas federais, mas acima dele está a Constituição, e esta garante a primazia dos pais. Além disso, o Brasil é signatário do Tratado de Direitos Humanos, que garante primazia aos pais em primeiro lugar (no artigo 12 e no terceiro parágrafo do artigo 26), são eles que de fato devem ter prioridade na hora de educar os próprios filhos. A força desse tratado é a de uma emenda constitucional.

MINISTÉRIO PÚBLICO

Também pode acontecer de, na seqüência, o Ministério Público entrar com um pedido de processo, mas isso é normal e não deve ser motivo para sustos.

Não existe, atualmente, qualquer possibilidade de os pais perderem a guarda dos filhos por causa do *homeschooling*;

---

o máximo que pode acontecer é a condenação de rematrícula da criança ou adolescente na escola e, eventualmente, multa diária durante o tempo em que não cumprir a decisão. No Brasil, ninguém jamais perdeu a guarda dos filhos por isso.

O HOMESCHOOLING E A SOCIALIZAÇÃO

Já é lugar comum que o *homeschooling* é uma reação dos pais que não confiam na educação dada pelas escolas — sejam estas privadas ou públicas, municipais ou estaduais — e preferem educar seus filhos em casa. Mas, mesmo que os resultados dessa prática venham sistematicamente se revelando bons e muito superiores aos das formas padronizadas de educação, e que os jovens e adultos que foram educados desse modo sejam provas vivas do seu sucesso, ela ainda continua sendo alvo de críticas infundadas e de chavões, e o mais famoso de todos é o da "socialização", que os defensores da escola obrigatória, do poder do Estado sobre as pessoas e das ideologias pedagógicas modernas repetem como um mantra. Sempre nos perguntam a respeito, e muitas pessoas acham que se preocupam mais com os nossos filhos do que nós mesmos, imaginando que nós os criamos em uma redoma, como se fôssemos membros de alguma seita excêntrica. Não é assim; nós não os privamos daquilo que é essencial para uma formação humana, não os isolamos do mundo. Mas é bem verdade que, cumprindo nossa grave tarefa, nos esforçamos para não deixá-los expostos a conteúdos e ambientes que possam lhes prejudicar. É um gravíssimo erro pensar que nossos filhos precisam estar, desde a tenra infância, "sendo luz do mundo". Alguns pais católicos se apegam a esse argumento para denegrir a prática do ensino domiciliar. Ora, a criança não está apta a isso, não tem e não pode ter, em hipótese alguma, essa responsabilidade. Essa responsabilidade é dos adultos, que, já tendo capacidade de discernir o certo do errado, o bem do mal, conseguem fazer escolhas complexas. É surpreendente notar que alguns pais cristãos ainda se apóiam nessa argumentação para desqualificar o *homeschooling*. Isso é simplesmente absurdo.

A base da sociedade é a família. Deus ordenou que o homem crescesse e se multiplicasse, pois no ambiente familiar, convivendo com outras pessoas de diferentes idades e graus de hierarquia, haveria, entre outras coisas, possibilidade de socialização. Em sala de aula, as crianças convivem apenas com gente de sua mesma idade, o que as convida à formação das famosas "panelinhas"; essa é uma primeira forma de sectarismo e divisão, pois conviverão somente os que têm gostos parecidos e pensamentos semelhantes. (Lembre-se de que o tempo que a escola dispõe para a convivência são os quinze minutos de intervalo e que o tempo na sala de aula não é para isso). Com as crianças educadas em casa a história é outra: elas conseguem conversar (não da forma monossilábica e cheia de cacoetes que predomina por aí) com adultos e adolescentes, aprendem como tratar as crianças menores e a respeitar os mais velhos.

As crianças educadas em casa são mais socializadas, em geral são líderes comunitários. Não tiramos isso das nossas cabeças nem nos baseamos em algumas poucas experiências particulares que tivemos. Já está provado que

---

as crianças que praticam *homeschooling* são mais respeitosas e mais inclinadas a servir aos outros quando for preciso.

Costumamos nos reunir com outras famílias *homeschoolers*, pois pertencemos a uma associação que conta com mais de cem famílias; nessas reuniões, as crianças declamam poesias, tocam instrumentos musicais ou cantam e brincam. Tudo isso, evidentemente, é socialização. Há socialização também quando as crianças vão praticar artes marciais, natação e estudar inglês fora de casa, quando não saem justamente para apenas encontrar amigos, conversar, brincar juntos. Existem inúmeras formas de a criança estar inserida na vida social e quase chega a ser ridículo ter que apontar o óbvio sobre isso aqui.

Vejamos como acontece nos Estados Unidos, onde o *homeschooling* já é regulamentado há muito tempo. As experiências de lá poderiam, sim, ser repetidas aqui, pois nada nos impede: as crianças são crianças em todo lugar e todos nós somos humanos. Uma pesquisa realizada por Brian D. Ray, publicada pelo Instituto Nacional de Pesquisa sobre Educação Domiciliar nos Estados Unidos, diz o seguinte:[2]

> Jovens educados em casa têm demonstrado graus de sociabilidade normais ou acima da média. Pesquisas verificaram traços de personalidade

---

2 Brian D. Ray, Ph.D., National Home Education Research Institute, disponível em www.nheri.org/research-facts-on-homeschooling.

> como liderança, auto-estima elevada, participação em serviços comunitários, entre outros. Jovens educados em casa costumam se envolver mais em atividades sociais e educacionais junto à comunidade; é comum se envolverem com atividades e grupos como os escoteiros, igrejas, esportes e voluntariado.

Segundo a pesquisa, adultos que foram educados por *homeschooling* tem se demonstrado politicamente mais tolerantes em relação aos que foram educados por escolas. Tudo parece indicar que o *homeschooling* dá às crianças e adolescentes a chance de verdadeiramente se perguntarem: "Quem eu sou? E o que realmente eu quero?". Não se trata daquela instrumentalização da educação a fim de somente obter um sucesso financeiro: no *homeschooling* se aprende a amar a sabedoria, esse é o grande segredo; amar o conhecimento, amar a verdade, buscar o conhecimento, não porque é preciso realizar uma prova, não porque é preciso atingir uma nota, mas porque se ama o conhecimento por si mesmo; essa é uma característica marcante das crianças *homeschoolers*. Outra pesquisa, feita com adultos que haviam sido educados em *homeschooling* durante mais de sete anos, mostrou que eles eram mais ativos em serviços comunitários do que a média geral da população, eram mais engajados nas eleições e no voto e em geral compartilhavam dos valores e crenças dos seus pais com maior facilidade. Não podemos perder de vista tudo o que está escrito no livro de Pascal Bernadin *Maquiavel Pedagogo*.[3] Ali o autor mostra como as crianças, quanto mais cedo se afastam de seus lares, mais suscetíveis ficam a influências externas; isto é, quanto mais cedo uma criança for para a escola, mais facilmente ela será influenciada por colegas, professores, governos totalitários e ideologias.

---

[3] Campinas: Vide Editorial/Ecclesiae, 2ª edição, 2020.

Esse é um grave problema que o Brasil enfrenta hoje. Definitivamente,

deixar uma criança por cinco horas sentada ao lado de colegas não é ajudá-la a socializar.

A socialização deve ser livre e espontânea; se nós adultos temos o direito de escolher com quem nos relacionamos, por que a criança tem que ser obrigada a passar longos tempos com desconhecidos em uma sala? Por definição, não há socialização obrigatória ou forçada. A missão da própria escola é empobrecida por quem diz que as crianças têm de ir até lá para socializar e conviver com colegas. Não, a escola tem uma missão diferente; no entanto, é sempre disso que falam as pessoas que questionam o *homeschooling*.

Sabemos que, talvez, não seremos sempre capazes de ensinar todos os conteúdos para os nossos filhos, e por isso, é claro, procuraremos quem possa nos ajudar. Os pais *homeschoolers* podem sim contar com ajuda. Hoje existe uma ampla gama de materiais que podem auxiliar os pais, iniciativas que não param de surgir, tutorias, institutos que fornecem acompanhamento e materiais como o Instituto Cidade de Deus,[4] que já mencionamos aqui. São estes os materiais que utilizamos com os nossos filhos. São materiais vastos e profundos, que oferecem aos pais cristãos exatamente o que eles querem: um ensino católico de verdade.

Existem dezenas de milhares de famílias *homeschoolers* no Brasil e, convivendo com algumas delas, dá para comprovar e ver com os próprios olhos o que estamos dizendo aqui. É bem possível que haja alguma perto de você.

---

[4] Para saber mais, visite: institutocidadededeus.com.br.

ALGUNS RESULTADOS DO HOMESCHOOLING

Notem os resultados dessa pesquisa americana feita em famílias que adotaram o *homeschooling* por mais de sete anos:

Razões e motivações para o homeschooling

A maioria dos pais decidem pelo *homeschooling* por mais de uma razão. Dentre as razões mais comuns destacam-se:

- Possibilitar um ensino mais acadêmico;
- Usar métodos pedagógicos diferentes daqueles que se tem nas escolas;
- Promover uma interação social guiada e saudáveis com jovens e adultos;
- Fortalecer/melhorar a relação familiar das crianças com os pais e entre os irmãos;
- Proporcionar um ambiente mais seguro para as crianças, prevenindo riscos como violência, drogas e álcool, *bullying*, racismo, sexualidade

inadequada/não-saudável, cada vez mais comum nas escolas;
- Ensinar valores, crenças e uma visão de mundo adequada às crianças.

Performance *acadêmica*

- Jovens educados em casa têm obtido 15 a 30% mais pontos do que jovens que estudaram na rede pública de ensino dos Estados Unidos, conforme verificado em *achievement tests*. Um estudo publicado em 2015 verificou que crianças negras que receberam ensino domiciliar tiveram pontuação nas provas 23 a 42% maior do que crianças negras que estudaram em escolas públicas (Ray, 2015);
- O estudo mostra também que os estudantes têm demonstrado pontuação acima da média independentemente do grau de escolaridade ou faixa de renda dos pais, que são seus professores/tutores na educação domiciliar;

- Também não foi verificada relação de desempenho dos alunos com o fato de os pais serem ou não professores certificados;
- Em países com diferentes graus de controle estatal sobre atividades de *homeschooling* não foi possível verificar diferenças no desempenho escolar e acadêmico dos estudantes;
- Jovens educados em casa têm demonstrado pontuação acima da média em testes admissionais para universidades.

Socialização: desenvolvimento social, emocional e psicológico

- Jovens educados por *homeschooling* têm demonstrado graus de sociabilidade normais e acima da média. Pesquisas verificaram traços e habilidades de liderança, autoconhecimento, autoestima, participação em serviços comunitários, entre outros.

- Jovens educados em casa são regularmente mais envolvidos em atividades sociais e educacionais junto à comunidade. Comumente envolvem-se em atividades e grupos tais como escoteiros, igrejas, atividades esportivas da comunidade, voluntariado etc.
- Adultos que foram educados por *homeschooling* têm se demonstrado politicamente mais tolerantes em relação aos que foram educados por escolas.

Respeito às diferenças entre as crianças

- Um pesquisador verificou que o *homeschooling* dá às crianças e adolescentes a chance de se perguntar "quem eu sou?" e "o que eu realmente quero"; por um processo de autoconhecimento gradual, vão tendo resposta aos seus questionamentos, desenvolvendo forças e habilidades que contribuem para o seu autoconhecimento e autoestima.

Sucesso do homeschooling *no mundo real*

Para medir o sucesso efetivo do *homeschooling*, uma pesquisa foi realizada em adultos que foram educados por *homeschooling* por mais de sete anos. A pesquisa demonstrou, por exemplo, que:

- Esses adultos demonstram ser mais participantes em serviço comunitário do que a média geral da população;
- Esses adultos demonstram maior engajamento em eleições e exercendo direito de voto, em comparação à média da população;
- Ingressam na universidade em maior percentual do que a média geral da população;
- Na vida adulta, compartilham valores e crenças de seus pais com maior facilidade.[5]

---

5 Dados da pesquisa: Brian D. Ray, Ph.D., Publicado pelo Instituto Nacional de Pesquisa sobre Educação Domiciliar (EUA). Todos os direitos reservados a Brian D. Ray, Ph.D., pelo National Home Education Research Institute. Tradução de Marlon Derosa, Estudos Nacionais. Permissão da tradução concedida em abril de 2017. Artigo original: https://www.nheri.org/research/research-facts-on-homeschooling.html

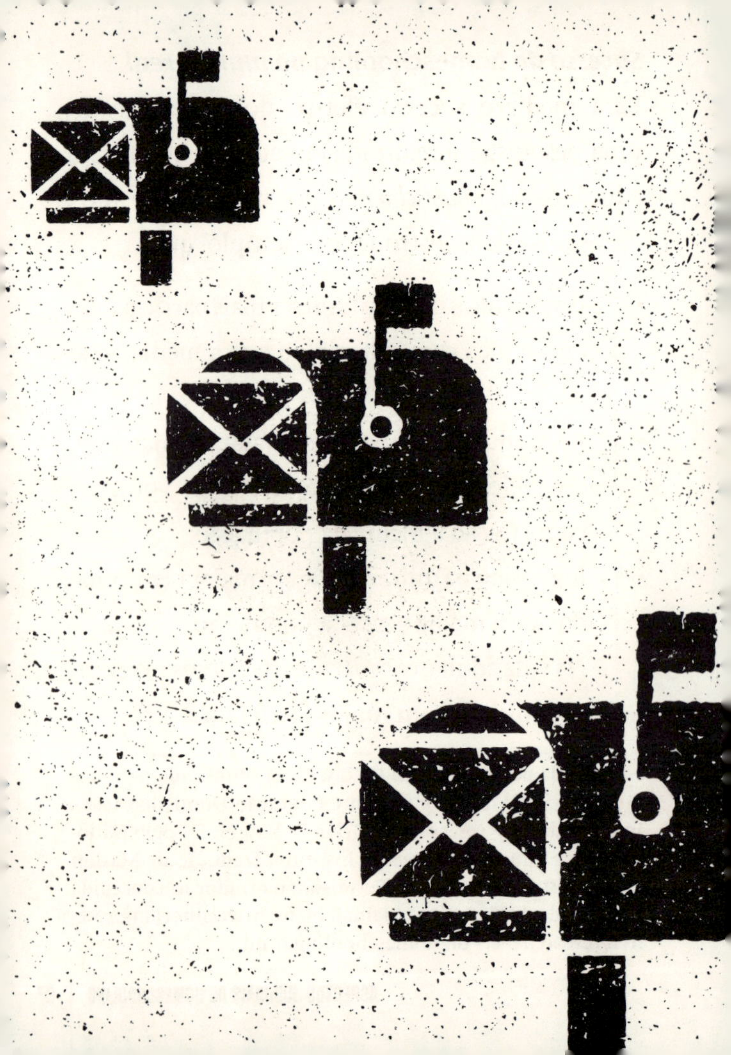

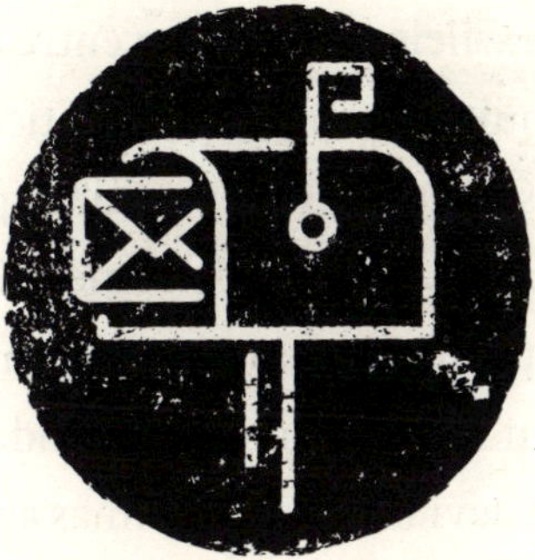

CONCLUSÃO

Quando falamos do percentual altíssimo de analfabetos funcionais entre os universitários brasileiros e também entre a população em geral, muita gente se mostra cética. Mas, para constatar esse fato, basta observar o que acontece na *internet*: role a barra de comentários de um texto mais polêmico e você vai encontrar pessoas se digladiando por não compreenderem textos da maneira devida, atacando umas às outras com argumentos dos mais descabidos, sendo que bastaria uma leitura mais atenta do texto. Existem instituições que avaliam os níveis educacionais mundo afora, e nessas avaliações o Brasil sistematicamente tira os últimos lugares (é o caso do PISA). Como pode o Brasil estar atrás de nações com muito menos recursos como Etiópia, Zimbábue e Quênia? A educação brasileira já mostrou que não funciona de maneira alguma. Um dado do Banco Mundial diz que o Brasil ainda demorará 260 anos para alcançar a mesma proficiência de leitura dos países mais desenvolvidos.

Por outro lado, quando vemos os resultados em outros países onde o *homeschooling* é regularizado e praticado há muito tempo, ficamos espantados com os resultados positivos. E, antes mesmo dos resultados intelectuais, vêm todas as vantagens morais e espirituais, das quais já falamos. Há professores e pedagogos que torcem o nariz ao ouvir falar em *homeschooling*, mas difícil mesmo é defender a escolarização obrigatória no Brasil, com tantas evidências do seu fracasso. Os professores que insistem em negar a tragédia educacional brasileira ao mesmo tempo que atacam o *homeschooling*, não representam todos os que exercem o ofício ou que se especializaram em educação. Muitos são honestos e reconhecem a amarga realidade, sem tentar tapar o sol com a peneira. Não existe, ou não deve existir, um ringue no qual pais e professores devam se digladiar;

os pais *homeschoolers* não são o contrário das escolas ou dos professores.

Afinal, nosso objetivo é ou não é o bem das crianças?

Aos que querem saber como começar, damos a resposta: primeiro tente obter o maior número possível de informações sobre o assunto; entre em contato com famílias *homeschoolers*, analise os materiais didáticos. Ir atrás de informação é sempre o primeiro passo. Lembre-se de que o *homeschooling* alterará não apenas a forma como as crianças são educadas, mas o estilo de vida da família inteira. Reze, peça a Deus para mostrar o caminho que sua família precisa seguir.

Após essa primeira etapa, dê início à sua autoeducação; também passamos por escolas e aprendemos com os defasados modelos escolares, portanto tivemos de refazer nossa própria educação, com leituras, aulas e pesquisas. O que queremos é, afinal, dar aos nossos filhos o melhor que pudermos dar.

Se você tem um filho em idade de alfabetização, buscar materiais para alfabetizá-lo deverá ser a primeira coisa a se fazer; se tem filhos adolescentes, precisará compreendê-los antes de mais nada. Estudar sobre os temperamentos é importantíssimo e ajudará a entender melhor as disposições de cada filho; há, por exemplo, os que são considerados preguiçosos, mas na verdade não têm preguiça nenhuma e só precisam de estímulo externo, de uma presença mais firme perto deles.

É recomendável que você estude os métodos que quer aplicar; por exemplo, muitas famílias escolhem métodos baseados na educação clássica, que tem foco na busca pelas virtudes, no amor, na sabedoria e na formação integral da criança. Outras famílias, por sua vez, preferem o ensino didático, com conteúdos programáticos. É possível, mesmo, fazer uma junção dos dois métodos. Pode-se aplicar o *trivium* e o *quadrivium* da educação clássica ou, também, juntar essas artes liberais ao conjunto de matérias ensinadas nas escolas. Só estamos dando um exemplo. São inúmeras as possibilidades.

Hoje, encontram-se no YouTube aulas dos mais variados assuntos; seguindo determinadas pessoas nas redes sociais, consegue-se acesso a grupos que disponibilizam materiais valiosíssimos para o processo educacional. Em nossa casa, utilizamos as apostilas do Instituto Cidade de Deus, como já mencionamos. É um material que para nós foi de fácil adaptação e serve como uma base. Lembrando que a família pode acrescentar ou adaptar o material. No *homeschooling* são os pais que conduzirão os estudos dos filhos.

Alguns livros podem ser importantes, ao menos inicialmente, para encontrar informações, dicas e, sobretudo, para esclarecer modelos, referências e os ideais almejados. Deixamos algumas dicas:

O livro que nos levou a tomar a decisão de fazer *homeschooling* foi o *Homeschooling católico: Um guia para pais*, de Mary Kay Clark, uma americana que teve sete filhos homens, todos educados em casa. É a primeira leitura que recomendamos a todos junto com *Educação católica e homeschooling, um guia prático para o ensino domiciliar*, de Kimberly Hann e Mary Hasson. Outros livros indispensáveis são: *Escola sem Deus*, de Monsenhor de Ségur, O *Catecismo da educação*, do Abade René Bethléem, também não pode ser ignorado; trata-se de um livro de "perguntas e respostas", leitura muito prática, onde são respondidos os mais diversos questionamentos sobre educação. É de fato um catecismo.

Um tesouro é *A opção pelo homeschooling*, de Fausto Zamboni. Apesar de ser um livro fininho, tem muitas informações preciosas sobre a educação domiciliar, escritas de maneira clara e fácil de entender. A obra *A mente bem treinada*, das autoras Susan Wise Bauer e Jessie Wise, é excelente para aqueles que querem conhecer mais da educação clássica, inclusive para criar currículos e preparar materiais.

Indicamos, também, livros sobre a história da educação: *História da educação na Antigüidade*, de Henri-Irénée Marrou; *História da educação na Antigüidade cristã*, *História da educação na Idade Média*, *História da educação no Renascimento* e *História da educação no século XVII*, todos de Ruy Afonso da Costa Nunes, publicados pela editora Kírion.

Outras recomendações: *Ensine do seu jeito*, de John Holt, livro apenas sobre educação domiciliar; *A arte de ensinar*, de Gilbert Highet, mais voltado a professores; e *A descoberta da criança*, por Maria Montessori, para aqueles que têm interesse em conhecer o método montessoriano.

No que diz respeito aos problemas da educação moderna, indicamos o livro *Maquiavel Pedagogo*, de Pascal Bernardin. Ele revela a trama cujo objetivo é derrubar as estruturas judaico-cristãs do mundo. É um livro de cabeceira, que revela a todos o que está por trás da sanha de destruir a educação. Outro livro interessante é *Emburrecimento programado*, do americano John Taylor Gatto e *Contra a escola* de Fausto Zamboni.

Com esses livros, vocês já conseguem obter os conhecimentos fundamentais — sabendo o que é a educação hoje e o que ela foi no passado — para se saírem bem com o *homeschooling*. Você pode encontrá-los em nossa livraria, livraria.deiaetiba.com.br, com bons descontos.[1] Quanto mais lemos, mais percebemos que precisamos estudar; quanto maior a nossa bagagem literária e intelectual, maior a nossa consciência de ignorância, mais vasto o mapa do que ainda precisamos explorar. Nos destaques do nosso Instagram, @deacamargos e @tibacamargos, publicamos sempre dicas de leituras adicionais.

Esperamos ter ajudado vocês a vislumbrar o mínimo sobre esse tema tão vasto que é o *homeschooling*. Somos muito felizes com o que fazemos e não pretendemos, em nenhuma hipótese, parar ou retroceder. Como já dissemos, o *homeschooling* não é um método ou uma prática — é despertar nos nossos filhos o gosto pela busca da Verdade. Amar é, por definição, sacrificar-se. Se a educação

---

[1] Vale também lembrar o livro dos próprios autores, *Família forte: Ordem, estratégia e muita graça*, Campinas: Ecclesiae, 2021 — NE.

é um ato de amor, educar nossos filhos da melhor maneira possível exigirá de nós, certamente, várias renúncias. Mas nenhum sacrifício ou dor pode ser maior do que a recompensa eterna que teremos quando, no Céu, estiverem conosco todos os pequeninos que o Senhor nos confiou.

O MÍNIMO SOBRE HOMESCHOOLING

DÉIA & TIBA

O MÍNIMO SOBRE HOMESCHOOLING

DÉIA & TIBA

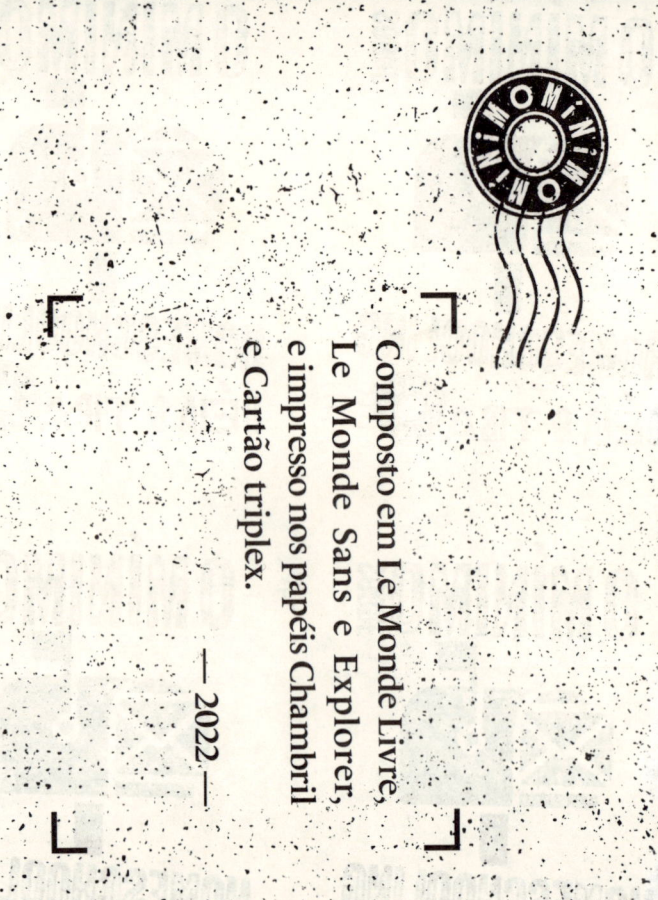

Composto em Le Monde Livre,
Le Monde Sans e Explorer,
e impresso nos papéis Chambril
e Cartão triplex.

— 2022 —

Não jogue este impresso em via pública. ♻ Recicle essa idéia.